DISCOURS PRÉLIMINAIRE
DE LA PARTIE DE L'ENCYCLOPÉDIE,

PAR ORDRE DE MATIERES,

INTITULÉE : *Science de l'Ingénieur des Ponts & Chauffées, Turcies & Levées, Canaux & Ports maritimes ; dédiée à M. CHAUMONT DE LA MILLIERE, Chevalier, Confeiller du Roi en tous fes Confeils , Maître des Requêtes ordinaire de fon Hôtel, Intendant des Finances aux Départemens des Ponts & Chauffées , Hôpitaux , Prifons , & Dépôts de mendicité , Mines & Meffageries du Royaume :*

Contenant un Plan raifonné & méthodique de cette partie de l'Encyclopédie ;

Par M. DE PRONY, Infpecteur des Ponts & Chauffées.

LE Traité qu'on ajoute à l'Encyclopédie méthodique, n'a jamais été fait d'une manière complète. Le filence des Anciens pourroit faire penfer qu'ils attribuoient peu d'importance aux objets qui font la matiere d'un pareil Traité. Le défaut d'Ouvrages modernes qui les embraffent dans toute leur étendue , fembleroit indiquer qu'il peut être fuppléé par ceux qui traitent des fciences analogues.

Ces confidérations exigent que nous entrions dans quelques détails, pour concilier le filence des Anciens avec leur goût pour les grands travaux ; pour développer rapidement la progreffion par laquelle la fcience de l'Ingénieur des Ponts & Chauffées eft devenue l'objet d'une étude longue & profonde ; enfin pour prouver, par une analyfe raifonnée de l'Ouvrage que nous annonçons, que cette fcience renferme un corps de doctrine diftinct & particulier, qui ne peut être fuppléé par aucune des autres parties de l'Encyclopédie.

LA CONSTRUCTION & l'entretien des grands chemins , des ponts, des aquéducs, & des autres ouvrages confiés, de nos jours, en France , aux

A

Ingénieurs des Ponts & Chauffées, a été, de tout temps, l'objet de l'attention particulière du gouvernement des Etats policés. Tout le monde fait quelle importance les Romains mettoient à cette partie de l'adminif tration. Les Historiens parlent avec enthousiafme de leurs ponts, de leurs aquéducs, & fur-tout de la prodigieufe quantité de grands chemins qui traverfoient, dans tous les fens, l'étendue des pays foumis à leur domination, & fembloient ne faire, de toute la furface connue du globe qu'un feul Empire. Tous s'accordent à regarder ces travaux comme la partie la plus folide de la gloire du Peuple Romain ; & ce font, aux yeux des vrais Philofophes, les plus beaux monumens de fa puiffance.

Les dignités & les emplois dont les fonctions étoient relatives aux grandes routes & aux autres travaux publics, étoient recherchés par les premiers hommes de la République, comme les places les plus honorables. Nous voyons dans Plutarque, que Jules-Céfar, cet homme altier, qui depuis a dédaigné le fecond rang dans la première ville du monde, s'honora d'une commiffion particulière qui lui confioit le foin de la voie Appienne. Le zèle qu'il mit à remplir fes fonctions, ne contribua pas peu à lui concilier l'affection du peuple, & peut être compté parmi les moyens qui firent réuffir fes vues ambitieufes. « Auffi, dit Bergier (1), en parlant » de l'emploi appelé *Curator viæ*, ou Commiffaire d'une route, étoit cette » charge tant honorable, qu'une perfonne n'y étoit pas plutôt élevée, que » fes amis s'en réjouiffoient, comme d'une chofe qui lui-devoit tourner à » grande louange ». Il cite Pline le Jeune, qui *treffaillit de joie*, en apprenant qu'un de fes amis en étoit pourvu.

Chez d'autres peuples, où l'adminiftration des travaux publics ne donnoit pas le même luftre à celui qui en étoit chargé, l'impulfion d'un homme fupérieur a détruit le préjugé, & leur a rendu la confidération qui leur étoit due. On fait que les ennemis d'Epaminondas l'ayant fait élire Commiffaire des chemins publics, dans le deffein de le ravaler & de lui faire injure, la manière dont il s'acquitta de cette charge, en fit fi bien fentir l'utilité & l'importance, qu'elle ne fut confiée depuis qu'aux principaux citoyens de Thèbes.

____

(1.) Nicolas Bergier, né à Reims en 1557, & mort en 1623, a fait une hiftoire des grands chemins de l'Empire Romain, réimprimée à Bruxelles en 1728, & qui eft devenue très-rare. La traduction de cet Ouvrage en plufieurs Langues prouve le cas qu'en font les Savans ; & en effet, quoique la méthode & le ftyle laiffent beaucoup à défirer, cette Hiftoire réunit tout ce qui peut fatisfaire la curiofité.

Malgré ce zèle, cet enthousiasme des Anciens pour les travaux publics, & le soin qu'ont eu les Historiens d'en parler dans leurs Ecrits, il ne nous reste cependant aucun Traité direct & complet sur les connoissances nécessaires à ceux qui en étoient chargés. Les Historiens qui ont voulu entrer dans quelques détails sur ces connoissances, les ont plutôt obscurcies & défigurées, que décrites. Ce qu'ils disent des monumens construits est souvent outré & fabuleux, témoin la description, donnée par Dion & par Plutarque, du pont qu'a bâti Trajan sur le Danube, dont l'exagération est démentie par la représentation de ce pont, qu'on voit sur la colonne Trajanne. César lui-même, malgré toutes ses connoissances, nous a laissé une description très-mal faite d'un pont qu'il fit élever sur le Rhin pour le passage de ses troupes.

Vitruve est le seul Auteur de l'antiquité qu'on puisse regarder comme ayant écrit en homme éclairé sur l'art de la construction (1). Mais comme son Ouvrage a principalement pour objet l'Architecture proprement dite, on n'y trouve pas ce corps de doctrine dont nous parlons, & l'Ingénieur des Ponts & Chaussées n'y voit que quelques détails épars, formant les points de réunion de son art, & celui des Architectes civils. Il y a plus; en considérant la variété & l'étendue des matières que Vitruve s'étoit proposé de traiter, on peut en conclure que les omissions qu'il a faites, doivent être attribuées plutôt aux bornes de ses connoissances, qu'au désir d'abréger. En effet, on lit, au commencement de son Ouvrage, un tableau effrayant de celles qu'il exige dans un Architecte; deux chapitres de son cinquième livre sont consacrés à la musique, dont il parle encore ailleurs; une partie du neuvième traite de l'Astronomie, de la Gnomonique, & de la construction des horloges; enfin l'Ouvrage est terminé par la description des machines de guerre. On a sujet de s'étonner qu'un Auteur si soigneux de ne rien omettre des connoissances les plus éloignées, ne dise rien ou presque rien de celles qui sont intimement liées aux opérations qui comportent des difficultés, telles que sont la plupart des grands travaux

____

(1) Nous avons aussi un Traité de Julius Frontinus, (Inspecteur des fontaines publiques à Rome, sous les Empereurs Nerva & Trajan, intitulé *de aquæ ductibus urbis Romæ Commentarius*. Ce Traité contient la description & l'histoire des aquéducs de Rome, avec des principes sur la distribution des eaux; mais on ne peut guère le regarder comme un Ouvrage intéressant pour les Savans ou pour les Artistes; il doit être plutôt consulté pour les objets d'histoire & d'érudition. Voyez ce qu'en disent M. Daniel Bernoulli, *Hydrodyn. sect.* 1, & M. l'Abbé Bossut, dans le discours préliminaire de la nouvelle édition de son Hydrodynamique.　　　　　A 2

hydrauliques. L'étonnement augmente lorfqu'on fait que de fon temps le mot *Architecte* défignoit, non feulement celui qui fait conftruire des édifices, mais un homme capable d'exécuter toutes les efpèces de travaux répartis, de nos jours, à différens Corps d'Ingénieurs. Vitruve lui-même, outre l'exercice de fon art, a eu l'intendance des machines de guerre dans les armées de Jules-Céfar & d'Augufte.

Il eft donc bien certain que Vitruve ne poffédoit pas les fciences qu'il a omifes dans fon Traité ; mais faut-il s'en prendre à l'Auteur, ou à fon fiècle ? C'eft fans doute à fon fiècle ; car on voit, par tout fon Ouvrage, qu'il étoit inftruit & profond, pour fon temps. La préface de fon feptième livre contient une longue énumération des Auteurs qui avoient écrit avant lui fur l'Architecture ; & il affure qu'il a recueilli de tous leurs Traités ce qui pouvoit fervir à la compofition du fien. On doit donc penfer qu'il étoit au niveau des connoiffances de fon fiècle.

Pour confirmer l'opinion que fait naître l'examen de la fcience écrite des Anciens, on peut paffer à celui des monumens qui nous reftent de leurs chemins, ponts, aquéducs, &c. Cet examen, livré à une critique impartiale, fait connoître que les Anciens, nos maîtres dans l'art de décorer les édifices, nous étoient bien inférieurs dans la fcience de la conftruction. Nous admirons la grandeur de leurs entreprifes, nous fommes étonnés des dépenfes prodigieufes qu'elles ont dû exiger ; mais on s'apperçoit qu'ils n'ont pas connu toutes les reffources que la nature & l'art pouvoient leur offrir ; qu'ils ont été peu économes des moyens, & ont fouvent vaincu, à force de travaux, des difficultés qu'un art plus éclairé leur auroit fait furmonter à moins de frais. Un de nos Conftructeurs ordinaires auroit pu, avec des bras & de l'argent, exécuter leurs plus grands travaux ; car on n'y trouve pas ce génie économique & riche en même temps, qui fait, avec le moins de moyens poffibles, produire les plus grands effets, réunir la folidité à la légereté, & trouver, dans l'épargne même de la matière, une décoration fufceptible de tous les caractères.

L'art d'épuifer & de fonder étoit, chez les Anciens, prefque dans l'enfance ; ils n'avoient qu'une foible connoiffance de la coupe des pierres & de la charpente ; ils n'en avoient aucune de la ftatique des voûtes. Le filence de Vitruve eft ici une preuve fans réplique, puifque ces dernières connoiffances font intimement liées à l'architecture proprement dite. La timidité produite par cette ignorance a influé chez eux fur les objets de décoration ; car , pour ne pas être obligés de fuppléer à la continuité d'un feul bloc par l'affemblage de plufieurs pièces, ils proportionnoient leurs entrecolonnemens à la longueur des pierres qui devoient pofer fur le chapiteau & former l'architrave ou fommier (1).

La fcience du nivellement, les inftrumens propres à niveller étoient bien inférieurs à ce que nous avons. On en peut juger par le fixième chapitre du huitième livre de Vitruve, où l'on trouve néanmoins des notions fur la courbure de la furface des fluides ; mais l'imperfection des inftrumens qu'il décrit, auroit rendu inutile l'application des principes théoriques auxquels ces notions fervent de bafe (2).

La manière dont nous tirons parti des canaux de navigation, paroît avoir été inconnue chez eux. Il eft à remarquer que les Chinois, qui faifoient des canaux dans un temps où les Grecs & les Romains n'étoient que des hordes de fauvages, ignorent encore l'art important des éclufes à baffin, & n'ont que des demi-éclufes ou pertuis, très-dangereux pour la navigation.

Nous pourrions parler des autres grands travaux hydrauliques, & furtout de ceux des ports de mer, auxquels Vitruve, en avouant leur grande importance, n'a cependant confacré qu'un très-petit chapitre à la fin de fon cinquième livre ; mais une pareille difcuffion nous meneroit trop loin. D'ailleurs, nous aurons occafion d'y revenir en plufieurs endroits

---

(1) Il ne faut pas confondre la coupe des pierres avec la *taille* des pierres. La première eft une fcience, la feconde n'eft qu'une opération mécanique. Les Anciens mettoient fouvent le plus grand foin à la taille des pierres ; ils avoient des monumens formés de pierres affemblées fans ciment, parfaitement polies & ajuftées l'une contre l'autre. On en voit de cette efpèce à l'amphithéâtre de Nîmes ; cet édifice offre même un exemple de coupe de pierres d'un genre plus difficile que ce que faifoient ordinairement les Anciens ; car les voûtes des arcades font en *berceaux biais* ; mais comme ces berceaux ne *rachètent* aucune autre voûte, & offrent d'ailleurs le grand défaut d'avoir tous leurs vouffoirs ifolés, c'eft-à-dire, fans *plein fur joint*, ils ne font pas une grande preuve de la fcience des Anciens dans la coupe des pierres. On pourroit même foupçonner, d'après la difpofition des vouffoirs, qu'ils ont été taillés & ajuftés fur les cintres & en place, & qu'on ne les a pas coupés par *panneaux* & d'après une *épure*, comme on le fait aujourd'hui.

(2) Il faut cependant convenir que les Anciens ayant fait des aquéducs d'une grande longueur, qui fuppofent beaucoup de précifion dans le *réglement* des pentes, on doit leur accorder le mérite, ou de s'être fervi de leurs inftrumens avec une grande adreffe, ou d'avoir eu le courage de fuppléer, par des moyens faftidieux & pénibles, à l'imperfection de ces inftrumens.

de l'Ouvrage que nous annonçons. Nous en avons aſſez dit pour conclure que la ſcience qui fait l'objet de ce Dictionnaire, étant probablement en partie, ignorée chez les Anciens, &, en partie, réduite à un certain nombre de formules pratiques, qui ſe tranſmettoient par tradition & par imitation, il n'eſt pas étonnant qu'ils ne nous aient laiſſé aucun Traité complet ſur un corps de doctrine qui paroît avoir été créé par les Modernes. Indiquons rapidement les principales époques de ſa formation.

Le goût de la ſaine Architecture, très-affoibli ſous Alexandre-Sévère, dès le troiſième ſiècle de l'ère chrétienne, diſparut entièrement dans le cinquième, lors de la deſtruction de l'Empire d'Occident, ſous Auguſtule, qui en fut le dernier Empereur. L'eſpace de pluſieurs ſiècles, à compter de cette époque, nous offre à peine quelques monumens dignes d'être cités ; & lorſqu'enfin l'architecture commença à reprendre faveur, elle parut avec un déguiſement ſous lequel les Anciens ne l'euſſent jamais reconnue. Les formes gothiques remplacèrent les belles proportions grecques ; le goût des conſtructions ſveltes & hardies, où le ſpectateur étonné cherche un point d'appui aux maſſes énormes qu'il voit élevées ſur ſa tête, ſuccéda à l'ordonnance, tantôt élégante, tantôt noble & majeſtueuſe, des Anciens, où l'empreinte d'une ſolidité non équivoque laiſſe tout au plaiſir, & rien à la crainte. Ainſi l'Architecture, dans cet état de dégradation, par un contraſte ſingulier avec le progrès des autres connoiſſances, gagna du côté de la ſcience, en perdant du côté du goût. Dans des ſiècles bien éloignés de la renaiſſance des lumières, on fit des ponts plus hardis que ceux de l'antiquité ; la coupe des pierres devint un art difficile ; les Architectes s'exercèrent à l'envi, & ſouvent ſans néceſſité, à faire des tours de force dans ce genre. Les anciens châteaux & les égliſes gothiques nous offrent encore quelques-unes de ces bizarres productions.

Les éclufes à portes buſquées, inventées en Italie dans le quinzième ſiècle, fournirent à l'Architecture hydraulique des moyens inconnus à tous les ſiècles paſſés (1). Le bon goût en Architecture, régénéré dans cette même contrée, ſe réunit à la ſcience de la coupe des pierres, créée dans les temps de barbarie. La perfection dans l'art de la charpente ſuivit néceſſairement cette union, & de là celle de toutes les parties de l'art de conſtruire.

---

(1) On croit que les premières qui ont été exécutées, ſont celles du canal de la Martezana.

Bientôt il se fit une révolution générale dans toute la masse de nos
connoissances ; on vit renaître dans les beaux arts le goût épuré des plus
heureux âges de la Grèce & de Rome ; & à ce dépôt antique, si heureuse-
ment retrouvé, on ajouta une foule de découvertes & de sciences nouvelles. Les progrès des Mathématiques & de la Physique hâtèrent ceux
de toutes les parties qui en dépendent. On mit en corps de doctrine
théorique, des arts qui jusques-là étoient abandonnés à une routine
aveugle.

Le règne de Louis XIV est celui où les sciences ont pris un essor
aussi brillant que durable, & où leur application à nos besoins a été
marquée par des monumens qui seront toujours admirés. Il suffit, pour
l'objet qui nous intéresse, de citer le canal de Languedoc.

Mais c'est sous Louis XV & Louis XVI que la science & l'art de l'Ingénieur des Ponts & Chaussées sont parvenus à leur plus haut degré de perfection. Plus de six mille lieues de route percées ou achevées sous ces deux
princes, des canaux de toute espèce, faits ou entrepris, des ports de mer
créés ou rendus à la navigation, des ponts dont la beauté & la hardiesse
étoient non seulement inconnues aux yeux, mais encore à l'imagination,
sont des monumens qui attesteront à la postérité la splendeur de leurs
règnes.

L'expérience, qui a été le fruit de ces grands travaux, a fait sentir que
l'Ingénieur chargé de les diriger ne pouvoit être suppléé par des hommes
qui ne seroient qu'Architectes, ou Géomètres, ou Physiciens ; qu'il
falloit que cet Ingénieur eût une éducation particulière, un système de
connoissances théoriques & pratiques, absolument propres à l'état qu'il
choisissoit. Ce système embrasse presque tous les arts & toutes les sciences,
& les branches qui le composent, quoiqu'appartenant à des tiges
connues, forment, soit par leur assemblage, soit par leur application,
une science particulière & nouvelle.

Ce fut dans cette vue qu'on établit à Paris, en 1747, une école
des ponts & chaussées, qui embrasse tous les détails du système de connoissances dont nous venons de parler, & où celui qui se destine à être
Ingénieur passe plusieurs années à étudier gratuitement, & à pratiquer
toutes les parties de son art. Feu M. de Trudaine père, dont le zèle
éclairé pour tout ce qui étoit utile sera toujours gravé dans la mémoire
des bons citoyens, envisagea cet établissement comme un moyen de régé-
nérer un Corps à qui on devoit confier les travaux les plus importans.

M. Perronet, à qui ce Magiftrat a toujours accordé une grande eftime & une confiance auffi étendue que méritée, après avoir été le Légiflateu de cette école, la dirige depuis plus de quarante ans; & la perfection d régime établi eft démontrée par le brillant fuccès qu'il a obtenu, & pa les hommes de mérite fortis de fon école. M. Helvetius la cite dans fo Traité de l'homme, pour montrer le pouvoir de l'éducation, & comm un exemple de fa grande influence (1).

La légère efquiffe que nous venons de tracer des différentes gradations pa lefquelles ont paffé la fcience & l'art de l'Ingénieur des Ponts & Chauffées établit déjà que cette fcience, relativement à l'ordre encyclopédique, forme une partie diftincte qui ne peut être fuppléée par d'autres; nous allons confirmer cette vérité par l'analyfe raifonnée du Dictionnaire des Ponts & Chauffées: nous envifagerons ce Dictionnaire comme un Traité méthodique & complet, dont les parties forment un tout lié & fuivi, qu'il ne s'agira plus que de diftribuer fuivant l'ordre alphabétique, en indiquant leur correfpondance par des renvois.

Dans cette vue, nous diviferons le Traité de la fcience de l'Ingénieur des Ponts & Chauffées en fix parties, qui font, *l'Hiftoire*, *l'Adminiftration*, *les Sciences*, *la Partie defcriptive*, *la Pratique*, & *la Bibliographie*.

1°. L'HISTOIRE. Cette partie comprendra une courte expofition des Ouvrages les plus remarquables qu'ont faits les Anciens. Ces détails, ainfi qu'on l'a dit plus haut, font fouvent mêlés, dans les Hiftoriens, de fables & d'exagérations qui les défigurent entièrement. On tâchera, lorfque la chofe fera poffible, de féparer la vérité de l'erreur, & d'appli- quer une critique faine & impartiale, foit à la defcription, foit à l'éva- luation du degré de mérite qu'ils comportent, tant relativement à leur utilité, que relativement à leur beauté, ou aux difficultés qu'ont entraînées leur conftruction.

On expofera ce qu'on pourra découvrir des noms & de la vie de ceux à qui nous fommes redevables des différentes machines, procédés, & méthodes. On ne négligera point de faire obferver les découvertes antérieures qui ont fervi d'échelons pour élever les inventeurs jufqu'aux découvertes nouvelles. Cette méthode favorife le progrès des lumières; car, après le befoin, ce qu'il y a de plus propre à faire naître ou à développer le génie, c'eft l'hiftoire de la marche de l'efprit humain.

____

(1) On fait l'éloge qu'ont fait de cette école M. le Comte de Caylus & M. Belidor.

Cette partie de l'Hiſtoire eſt bien imparfaite ; car la plupart des inventeurs ſont inconnus, & l'origine des inventions eſt ſoûvent enveloppée
des plus profondes ténèbres. On doit donc s'attendre qu'elle laiſſera beaucoup à déſirer ; mais il faut s'en prendre aux bornes de nos connoiſſances
hiſtoriques, & l'on ſent que l'Hiſtorien a auſſi bien rempli ſa tâche lorſqu'il
s'aſſure qu'un fait eſt ignoré ou douteux, que lorſqu'il raconte ceux ſur
leſquels il a des mémoires.

On dira auſſi un mot de l'adminiſtration des Anciens relativement aux
travaux publics, de celle des Ponts & Chauſſées en France juſqu'à nos
jours, & de celle de quelques Royaumes voiſins. ·

2°. L'Administration. La diviſion de l'Hiſtoire aura déjà donné
l'idée de ce qu'on peut appeler proprement l'érudition de l'adminiſtration.
La ſcience de l'adminiſtration moderne doit renfermer d'abord des
réflexions générales ſur l'utilité des différens travaux, ſur les bornes qu'on
doit ſe preſcrire en les multipliant plus ou moins, ſuivant leur nature
particulière, & la nature du pays dans lequel ils ont lieu. Telle eſt, par
exemple, la queſtion de ſavoir dans quelle proportion il faut établir en
France des grandes routes & des canaux de navigation, & quelle eſt l'influence des uns ſur les autres. On ſent combien de pareilles diſcuſſions
comporteroient de difficultés & de détails, ſi on les embraſſoit dans toute
leur étendue.

Ces notions établies, on expoſera l'organiſation actuelle de l'adminiſtration des travaux publics en France, on fera connoître quels ſont les
Miniſtres, les Magiſtrats, & la compoſition des différens Corps à qui cette
adminiſtration eſt confiée ; quelles ſont leurs fonctions, leurs relations,
& leur dépendance mutuelle. La conſtitution & le régime du Corps des
Ponts & Chauſſées & de ſon école ſe rangent naturellement dans cet
ordre de choſes, & ſervent à completer l'hiſtoire de ce Corps, qui fait
partie de la ſeconde diviſion.

Cette expoſition du pouvoir adminiſtratif conduit au détail des moyens
employés pour la confection des travaux. On n'entend pas parler ici des
règles de l'art, dont il ſera queſtion dans les diviſions ſuivantes, mais de
la forme obſervée pour autoriſer & effectuer l'exécution. On entrera dans
une diſcuſſion raiſonnée des eſpèces d'impoſition & des différens fonds
qu'on applique aux travaux publics ; de la manière dont ſe font les adjudi-
cations, &c. L'article *corvée*, quoique traité dans d'autres parties de la
nouvelle Encyclopédie, d'après ce qu'avoit dit feu M. Boulanger, Ingé-

B

nieur des Ponts & Chauſſées , dans celle de MM. Diderot & d'Alembert, fait trop eſſentiellement partie du Dictionnaire des Ponts & Chauſſées, pour y être omis. D'ailleurs la manière nouvelle dont il ſera préſenté, ne donnera pas le déſagrément d'une répétition ou d'un renvoi. On s'efforcera d'appliquer une critique judicieuſe & impartiale à l'examen de la conſtitution actuelle, de ſes avantages, déſavantages, & des perfections dont elle ſeroit encore ſuſceptible.

La juriſprudence des travaux publics forme encore une ſous-diviſion qui exige quelques articles. On entend par-là la collection des lois auxquelles eſt aſſujettie la police des grandes routes, canaux, &c. ; les formes obſervées pour la déciſion des affaires contentieuſes, pour l'examen de la comptabilité , &c. On ſent très-bien que chaque ſous-diviſion , traitée en détail, exigeroit des volumes ; mais, avec de la méthode , de la préciſion , & au moyen de renvois aux autres parties de l'Encyclopédie, on eſpère donner les notions ſuffiſantes , ou pour inſtruire directement le lecteur, ou pour lui indiquer les ſources où il pourra puiſer les lumières dont il aura beſoin.

3°. Les Sciences. Cette partie eſt la plus étendue du nouveau Dictionnaire. On ne ſe propoſe pas néanmoins d'y traiter de toutes les connoiſſances que l'Ingénieur des Ponts & Chauſſées eſt obligé d'avoir. Parmi ces connoiſſances, il en eſt qui ſont purement d'éducation, & que tout homme deſtiné à vivre avec des gens inſtruits doit néceſſairement ſe procurer. On ſuppoſe qu'un Ingénieur a fait de bonnes études ; qu'il ſait ſa Langue ; qu'il a ſur-tout cette manière d'écrire ſage & correcte, cette logique ſaine qui peut être embellie, mais ne peut jamais être remplacée , par l'élégance & les graces du ſtyle. L'article *Ingénieur* renfermera les détails néceſſaires ſur cette matière , & de plus, on donnera à part les articles *correſpondance* , *mémoire*, & *rapport*.

Les ſciences qui ſortent de la claſſe de ces connoiſſances , qui ſont partie de l'éducation primitive , ne ſeront pas elles-mêmes toutes traitées en entier. On ne donnera que les articles qui, par des applications particulières , ont beſoin ou d'une plus grande étendue, ou d'être enviſagés ſous un point de vue abſolument propre à l'Ingénieur, & qui ne peuvent point être ſuppléés par les articles correſpondans des autres parties de l'Encyclopédie. Nous allons entrer dans quelques détails à cet égard.

Une des premières études qu'on fait à l'école des Ponts & Chauſſées, eſt celle du deſſin. Cet art y eſt profeſſé dans toute ſon étendue ; mais nous ne parlerons ici que du lavis de la carte & de celui de l'Architecture. Le premier est porté, à cette école, à un degré de perfection auquel il étoit rarement parvenu ailleurs. Nous trouverons dans les préceptes écrits & dans les morceaux d'étude qu'on donne aux élèves, de quoi rendre cet article aussi complet qu'il est possible, sans qu'il excède les bornes de trois ou quatre pages de discours, & d'autant de planches.

Les règles du lavis de l'Architecture, qui par lui-même n'a pas une grande difficulté, seront traitées encore plus brièvement. Les articles *Perspective* & *Projection des ombres*, étant susceptibles d'être exposés d'une manière intéressante & très-courte, leur serviront de complément.

Nous ne nous occuperons pas beaucoup de l'Architecture considérée quant aux ordres & à l'art en général de décorer les édifices. Nous avons vu avec grand plaisir que le premier volume qui a paru de cette partie de l'Encyclopédie méthodique, annonce un Ouvrage aussi intéressant pour toutes les classes de Lecteurs, qu'instructif & complet pour les Artistes. Il est néanmoins indispensable de traiter succinctement des projets de cazernes, hôtels-de-ville, églises du deuxième & du troisième ordre, presbitères, &c., ouvrages qui sont à la charge des communautés, & dont les Ingénieurs des Ponts & Chaussées doivent être généralement chargés. Nous parlerons principalement, à l'article *décoration*, de celle qui est relative aux ponts & aux autres édifices de ce genre, comme étant susceptibles d'un caractère particulier, qui sort de la classe des proportions ordinaires, & fournit matière à des préceptes qu'on ne trouveroit pas ailleurs.

Il est une partie de l'Architecture à laquelle nous donnerons tous nos soins : c'est la coupe des pierres. Tous les Ingénieurs conviennent que nous n'avons encore rien de satisfaisant sur cette science, une des plus importantes de l'art de la construction. Les Traités de MM. Frezier & la Rue, auxquels, dans cette disette, on paroît donner la préférence, sont, l'un trop peu à la portée des Praticiens, trop peu méthodique, & sur-tout infiniment trop long, l'autre absolument dénué de théorie, & contenant des erreurs dangereuses.

Nous pensons que, pour des hommes qui sont supposés avoir d'ailleurs des connoissances de Géométrie, la science de la coupe des pierres peut être exposée d'une manière courte, claire, & susceptible d'une application aisée, quoique très-générale. Tel est le but que nous nous proposons.

Les Mathématiques forment la partie la plus étendue du cours d'étude qu'on fait suivre aux élèves, comme étant la base ou le principe de presque toutes les autres connoissances. Les Traités de ces sciences, dont on est assez bien pourvu, & sur-tout le Dictionnaire de Mathématiques, qui fait partie de l'Encyclopédie, nous dispensent de les prendre dans tous leurs détails ; mais nous donnerons plusieurs articles qui, soit par la manière dont ils doivent être présentés pour l'objet d'application que nous avons en vue, soit parce qu'on ne les trouveroit pas dans les autres parties de l'Encyclopédie, doivent trouver place dans celle-ci.

Ainsi, nous donnerons en Arithmétique une méthode particuliere pour déduire une valeur moyenne, communément nommée *réduite*, de plusieurs valeurs mesurées ou observées. On a besoin à chaque instant, dans la pratique, de ces valeurs moyennes, & la méthode ordinaire nous paroît, dans bien des cas, susceptible de rectification. Nous donnerons des tables pour faciliter l'application des logarithmes au calcul des quantités complexes. Cette espèce de calcul, laborieux & sujet à erreur, deviendra, par ce moyen, court & sûr, &c.

Les articles de Géométrie renfermeront des méthodes pour toiser les surfaces planes, irrégulières, & les solides, quelle que soit leur forme. Nous exposerons, de plus, une méthode particulière pour le toisé des corps gauches, applicable au calcul des terrasses.

Nous donnerons quelques articles relatifs à la pratique de la Trigonométrie, à la théorie des *anses de panier* ; un abrégé de la théorie des surfaces courbes, & des courbes à double courbure, relativement à la coupe des pierres.

L'analyse contiendra un petit nombre d'articles destinés à servir de supplément aux Traités ordinaires de Mathémathiques, & à donner les principes de quelques méthodes utiles qui ne s'y trouvent pas, parce qu'on ne les regarde pas comme assez élémentaires. On espère néanmoins les présenter assez clairement pour les rendre très-intelligibles à tous ceux qui auront les connoissances d'Algèbre & de calcul intégral qu'on donne à l'école des Ponts & Chaussées.

Ainsi, on donnera l'article *interpolation*. L'usage de cette méthode est devenu indispensable depuis que, dans tous les genres de recherches, l'expérience a succédé à l'esprit de système. On exposera les principes du calcul des variations, qui s'emploie fréquemment dans les questions de Physique. On parlera des intégrales générales & particulières, qui ont

(13)

des applications intéreffantes dans la théorie des furfaces courbes. Enfin ce que nous aurons dit des furfaces courbes, donnera tant de facilité & amenera fi naturellement à parler d'une branche de calcul qui eft encore très-peu connue, favoir, le calcul des équations aux différences partielles, que nous ne pourrons nous empêcher d'y confacrer un article. Les Ingénieurs qui auront des connoiffances de calcul intégral, verront avec plaifir un aperçu d'une nouvelle fcience créée en Mathématiques, préfentée fous le point de vue qui eft peut-être le plus propre à en faire bien comprendre la nature.

Nous donnerons, en mécanique, une méthode pour déterminer le centre de gravité des corps irréguliers de forme quelconque. Nous dirons un mot de la méthode *centrobarique*, fi utile pour le toifé des voûtes. La ftatique des voûtes ne fera point omife ; on parlera de leur pouffée contre les pieds droits, de l'équilibre des vouffoirs, de leur preffion, des plus grandes ouvertures & des plus petites longueurs de coupe à la clef, dont ces voûtes font fufceptibles ; des expériences faites fur la dureté de la pierre, &c. On efpère donner fur ces objets des chofes nouvelles & intéreffantes. La pouffée des terres aura un article particulier.

La Dinamique aura un article fur la théorie phyficomathématique de la percuffion, théorie auffi curieufe qu'utile, dont nous fommes redevables à Dom Georges Juan.

L'Hydrodinamique préfente une foule d'articles qui augmenteroient confidérablement l'Ouvrage, fi on vouloit les y inférer avec le développement néceffaire. Heureufement nous avons fur cette partie de la Mécanique l'Ouvrage de M. l'Abbé Boffut, où l'on trouve un corps complet de doctrine qui eft entre les mains de tous les Ingénieurs. Ainfi, en exceptant quelques articles qui feront tirés de mémoires particuliers, ou qui feront le fruit de notre propre travail, les autres ne feront, pour la plupart, que des renvois à la nouvelle édition de l'Ouvrage de M. l'Abbé Boffut, ou des citations dans lefquelles nous expliquerons, quand il fera néceffaire, ce qui pourroit arrêter les commençans. Nous nous félicitons de trouver un pareil fecours dans une des parties les plus importantes & les plus difficiles de ce Dictionnaire.

La réunion des connoiffances tirées des différentes branches de la Mécanique, fournit matière à des recherches fur les machines confidérées avec toutes leurs circonftances phyfiques. Ces confidérations exigent des expériences fur les effets du frottement, foit dans le cas de l'équilibre, foit

dans celui du mouvement ; fur la roideur des cordes, &c. ; fur la natur
& le parti qu'on peut tirer des différens moteurs, tels que l'eau, le vent
les hommes, les chevaux, les cas où il faut employer les uns plutôt qu
les autres, la manière la plus avantageufe de les appliquer. Ces queftion
font trop effentiellement liées à la pratique, pour être omifes, & nous n
négligerons rien pour en rendre la difcuffion auffi fructueufe qu'il fera
poffible.

L'Hiftoire Naturelle, la Phyfique, & la Chimie font des fciences don
tout Ingénieur doit avoir quelques notions, & aucun élève ne fort de
l'école, fans avoir fait des cours de chacune d'elles. Outre les lumières
générales qu'on en retire, elles ont encore des branches dont l'Ingénieur
doit faire une étude particulière, parce qu'elles rentrent dans cette claffe
de connoiffances dont les applications lui font propres & directement liées
à fes opérations.

Ainfi, dans l'Hiftoire Naturelle, il s'appliquera de préférence à la Mi-
néralogie, & fur-tout à la divifion de cette branche qu'on nomme *Lytho-
logie*, ou defcription des pierres.

La connoiffance de la formation intérieure du globe ne peut manquer
de l'intéreffer & de le préparer à une foule d'obfervations utiles. Tous les
Ingénieurs favent ce qui a donné l'impulfion au génie du fameux M. Boulanger. C'eft en réfléchiffant fur les bouleverfemens antiques, dont les
entrailles de la terre lui préfentoient les veftiges, qu'il pofa les fondémens
de cette philofophie hardie, mais fublime, qui lie le fyftème politique
& moral des peuples, aux révolutions phyfiques du monde.

Nous confacrerons quelques articles à ces différentes branches de
l'Hiftoire Naturelle.

La Phyfique en aura auffi quelques-uns. Nous dirons un mot de la figure
de la terre, relativement à la théorie du nivellement & à la pratique de
la Trigonométrie. Nous donnerons les notions qui doivent fervir d'in-
troduction à la mécanique des fluides. Nous parlerons des effets de l'eau
changée en vapeur dans les machines à feu, de la dilatation des métaux,
relativement à leur emploi dans les mefures, & aux grandes conftructions
en fer.

La diffolution caufée par l'humidité des différentes fubftances calcaires
dont font compofées les chauffées & les édifices, leur calcination pour en
faire de la chaux, l'extinction de cette chaux, fon amalgame avec différentes fubftances pour en faire des mortiers ou cimens, &c. ; enfin l'art

en général de lier deux corps enfemble, au moyen d'un corps intermé-
diaire, eſt ſuſceptible de diſcuſſions qui ſont du reſſort de la Chimie, &
qui exigeront également quelques articles particuliers.

4°. LA PARTIE DESCRIPTIVE. Cette partie eſt naturellement le paſſage
de la théorie à la pratique ; car, avant d'exécuter ſoi-même, il eſt bon
de ſavoir ce que les autres ont fait. Combien d'hommes de génie, pour
avoir ignoré ce qu'on avoit trouvé avant eux, ont perdu, à renouveler des
inventions, un temps qu'ils auroient employé à nous en donner de
nouvelles.

Sous un certain aſpect, la partie deſcriptive pourroit être regardée
comme une continuation de l'Hiſtoire. Néanmoins les objets qu'elle
traite, étant intimément liés à la pratique actuelle, exigent des détails
particuliers, relatifs à l'application qu'on en peut faire, & qui les dinſtin-
guent des matières de ſimple érudition hiſtorique.

Les choſes exécutées qui peuvent intéreſſer les Ingénieurs des Ponts
& Chauſſées, ſe partagent en deux claſſes, les machines, & les monumens. Ce qu'on nomme proprement machines ſimples, fait partie de la
Mécanique élémentaire. Il s'agit ici des différentes combinaiſons de ces
dernières, qui portent l'empreinte du génie, & qui ont des applications utiles. Elles ſe modifient d'une infinité de manières ; les unes ſont employées
comme moyen de conſtructions ; telles ſont celles qui ſervent au tranſport
& à l'enlevement des matériaux, aux épuiſemens dans les fondations, au
dragage du terrein, au recepement des pieux ſous l'eau, &c. ; les autres
ſont deſtinées à un objet d'utilite permanent ; telles ſont les machines
hydrauliques de toute eſpèce qui ſervent à fournir l'eau à un pays, à une
ville. On donnera la deſcription, le calcul, les plans, coupes, & élévations, tant en maſſe qu'en détail, de toutes celles de ces différentes
eſpèces qui peuvent ſervir de modèle, ou dont la connoiſſance eſt
néceſſaire pour la pratique. On expoſera leurs défauts ; on examinera
quels ſont ceux qui ſont ſuſceptibles d'être rectifiés, & ceux qui tiennent
à la nature même de la machine.

La deſcription des monumens comprendra celle des plus grands ponts
exécutés en France & chez les étrangers. Ils ſeront deſſinés ſur la même
échelle, afin d'en faciliter la comparaiſon.

On donnera une notice des principaux canaux de navigation, avec la
deſcription & les deſſins des éclufes les plus remarquables.

Une des eſpèces de canaux la plus utile eſt ſans doute celle qui eſt

deſtinée à conduire les eaux potables. Nous ne voyons pas de plus ex-
cellent modèle à propoſer dans ce genre, que la deſcription du projet du
canal de l'Yvette , fait par MM. Perronet & Chezy. Tout ce qui eſt relatif
à la ſolidité , la ſalubrité , & la décoration , y eſt combiné d'une manière
qui met ce projet au deſſus de ce qu'ont fait les Anciens & les Modernes
dans le même genre (1).

On joindra aux ponts, canaux, & écluſes , différentes autres eſpèces
de monumens qui s'y rapportent , & qui rentrent dans la claſſe des connoiſſances de l'Ingénieur, leur énumération ſeroit ici ſuperflue.

Les travaux maritimes fourniſſent une ample matière à la partie deſcriptive ; & nous apporterons les plus grands ſoins à ne rien omettre d'important des choſes exécutées, ou actuellement en exécution, qui les
concernent. Il ſeroit trop long d'entrer ici dans des détails ſur cette partie
de notre travail ; il ſuffira de dire qu'outre les articles qui contien-
dront les mots techniques, tels que *baſſins*, *chenal*, *digue*, *écluſe de chaſſe*,
jetée, *&c.*, la nomenclature alphabétique comprendra encore les noms
des lieux & villes où l'on a exécuté de grands travaux maritimes, avec la
deſcription de ces travaux. On voit d'avance qu'une partie des détails que
nous annonçons, ſera conſacrée à la gloire de Meſſieurs du Corps Royal
du Génie, qui , par les grands travaux qu'ils ont dirigés & les Savans
qu'ils ont toujours eus parmi eux , ont en même temps reculé les limites
de l'art & celles des Sciences.

5°. LA PRATIQUE. Nous voici parvenus à la diviſion la plus impor-
tante de la ſcience de l'Ingénieur ; car toutes les autres ſont ſubordonnées
à celle-ci, & ne ſont deſtinées qu'à lui donner plus de perfection.

La Pratique peut ſe diviſer en deux parties ; la première comprend la
deſcription, tant graphique qu'écrite, & l'évaluation du prix des travaux ;
la ſeconde l'art de diriger leur exécution.

La deſcription graphique des travaux renferme l'art de faire les plans,
coupes, & élévations, ou en général celui des projections , le deſſin,
la pratique de la levée des plans géographiques & topographiques, &
celle du nivellemet.

---

(1) Nous ne devons pas oublier de dire que c'eſt M. de Parcieux, de l'Académie des
Sciences, qui a donné la première idée de ce projet, & qui a démontré l'utilité & la
poſſibilité de ſon exécution, dans trois mémoires qui font partie de ceux de l'Académie,
des années... & qui ont auſſi été imprimés ſéparément.

Les

(17)

Les deux premières de ces sous-divisions sont suffisamment dévelop-
pées dans la partie qui traite de la coupe des pierres & du lavis. Celui
qui est en état de faire une épure un peu difficile, & de dessiner la carte,
ne sera jamais embarrassé de faire les plan, profil, & élévations d'une
machine, d'un monument, &c., & de les laver.

Quant à la pratique de la levée des plans & du nivellement, on la trai-
tera avec tout le soin que mérite son importance. On donnera une description soignée de tous les instrumens en usage ; on parlera des avantages
& des inconvéniens qu'ils présentent, suivant les circonstances, de la
manière de les vérifier, de les rectifier, & de s'en servir. Le meilleur
instrument portatif que nous connoissions pour la mesure des angles, est
le cercle entier de M. le Chevalier de Borda, avec lequel, au moyen
d'observations croisées, on a la même exactitude que donnent les plus
grands instrumens d'Astronomie. On pense bien qu'un instrument aussi
intéressant ne sera point oublié. On parlera de la perfection que M. de Chezy,
Inspecteur général des Ponts & Chaussées, a donné aux niveaux à bulle
d'air, par la découverte du moyen de donner la forme convenable à la surface
intérieure des tubes, & de la théorie qu'il en a donnée dans le recueil
des mémoires des savans Etrangers, présentés à l'Académie des Sciences.
Nous avons fait des recherches sur la perfection de cette espèce de
niveau, que nous publierons également. Nous donnerons des observations neuves & utiles sur les précautions à prendre dans les mesures
en général, dans celle des bases en particulier ; opérations qui, quoique
bien simples en apparence, présentent néanmoins de grandes difficultés
quand on veut y mettre de l'exactitude.

Nous pensons que cette partie de notre Ouvrage renfermera plus de
choses intéressantes & nouvelles, qu'aucun des Ouvrages qui traitent des
mêmes matières.

Enfin on donnera des types ou modèles d'opérations de différens genres,
qui pourront servir d'exemple à ceux qui n'auroient pas adopté de méthode particulière pour la disposition des minutes de nivellement & de
levée de plans géographiques ou topographiques.

La description écrite des travaux consiste dans l'art de faire les devis &
les détails estimatifs. C'est un des objets de pratique les plus difficiles, &
l'on doit rendre aux Ingénieurs des Ponts & Chaussées la justice, qu'on
trouve chez eux des modèles à suivre dans ce genre d'Ouvrage. Les principes généraux qui doivent servir de base à la confection des devis &

C

des détails estimatifs, n'ont été donnés nulle part sous le point de vue & avec l'étendue qu'ils comportent, & on peut dire que c'est un travail à commencer. Cette circonstance nous impose la loi de lui donner le caractère & la méthode dont il est susceptible.

La direction de l'exécution des travaux offre un nouveau point de vue, où les détails se multiplient. Nous suivrons chaque espèce de travail dans la succession de ses progrès. Les grandes routes, dont on aura donné une idée dans les parties historique, administrative, &c., seront ici traitées plus amplement. On décrira les différentes espèces de chaussées, en pavé, cailloutis, &c., en usage chez les Modernes, qu'on pourra comparer avec celles des Anciens, décrites dans la partie historique. On établira des principes sur leur nature, leurs dimensions, relativement à leur destination, au local, & à la fréquentation ; sur le choix des matériaux, sur les alignemens, le tracé des courbes, la manière de distribuer & de régler les pentes, les plantations, &c. ; sur la construction des levées sur le bord des grandes rivières.

La construction des grands chemins est, relativement à sa destination, intimément liée à celle des canaux, des écluses, & de tout ce qui concerne la navigation intérieure. Ces derniers objets rappellent aussi-tôt la construction des ponts ; art dans lequel nous sommes si supérieurs aux Anciens, & qui, depuis sa renaissance, semble avoir devancé, pour l'exécution, le progrès des sciences physico-mathématiques, qui lui servent de base. L'Ouvrage que vient de publier M. Perronet, sur ces matières, est assez répandu pour donner une idée des différentes parties qu'elles renferment, & en même temps des grandes lumières que nous pourrons y puiser ; c'est sur ces lumières que nous fondons tout le mérite qu'on pourra attribuer à cette division de notre travail. Cet aveu fait une bien petite partie de ce que nous inspire notre reconnoissance pour M. Perronet ; formés à son école, honorés, depuis plusieurs années, de son estime & de sa confiance, il nous seroit bien doux de publier tout ce que nous devons à ses leçons & à son amitié.

La construction de différentes autres espèces de canaux, soit pour arroser, soit pour abreuver, les travaux de desséchement, &c., seront également compris dans la partie hydraulique de la pratique des travaux.

Enfin les travaux maritimes doivent compléter cette dernière division, dont elles formeront une partie considérable. L'analyse de tout ce que nous dirons sur la pratique de ces travaux, seroit beaucoup trop longue. D'ailleurs tous ceux qui y prennent quelque intérêt, connoissent l'Ouvrage de M. Belidor, & peuvent aisément se faire une idée de l'abondance & de la nature des matières. Cet Ouvrage original & unique dans son genre, & qui a acquis à son Auteur une réputation si bien méritée, a eu le sort de tous les Traités faits à l'instant où les sciences qui en font l'objet, prennent leur essor vers la perfection : peu de temps après sa publication, il n'étoit déjà plus de pair avec les connoissances acquises. On désiroit, depuis plusieurs années, que le Traité de l'Architecture hydraulique fût refait sur un plan méthodique dont les parties présentassent plus d'ensemble, & qui sur-tout renfermât toutes les découvertes faites jusqu'à ce moment. Ce travail, que nous avons entrepris, est exécuté en partie, & les recherches qu'il a exigées nous ont déjà fourni une partie des mémoires qui serviront au Dictionnaire des Ponts & Chaussées.

6°. BIBLIOGRAPHIE. On aperçoit aisément, par l'analyse que nous venons de donner du Dictionnaire des Ponts & Chaussées, que sa rédaction exigera le secours d'une grande quantité d'Ouvrages, la plupart peu connus. Nous croyons qu'il sera utile & agréable à nos lecteurs de leur indiquer, non seulement toutes les sources où nous aurons puisé, mais encore beaucoup d'autres Ouvrages, plans, dessins, &c. dont la connoissance pourra être nécessaire dans quelques occasions. Cet exemple nous a été donné récemment par M. l'Abbé Bossut, qui, à la fin de la nouvelle édition de son Hydrodinamique, a donné la notice d'un recueil d'Ouvrages Italiens sur le cours des eaux.

La bibliothèque de M. Perronet, dont il vient de doter l'école des Ponts & Chaussées, peut être regardée comme une des collections les plus complètes & les plus curieuses dans tous les genres qui peuvent intéresser les Ingénieurs. Nous aurons l'avantage d'y puiser tous les secours qui nous seront nécessaires.

Ajoutons aux connoissances bibliographiques l'indications des modèles dignes d'être cités, de différentes machines ou monumens, soit dans la Capitale, soit ailleurs. L'école des Ponts & Chaussées est encore très-bien pourvue dans ce genre, grace au zèle actif de M. Perronet pour le progrès des sciences, & à son génie inventif.

Nous croyons avoir rempli la tâche que nous nous étions imposée, de motiver & d'analyſer le Traité qu'on ajoute à ceux qui devoient d'abord compoſer l'Encyclopédie méthodique. Nous eſpérons que l'importance & la nouveauté du ſujet feront excuſer les détails dans leſquels nous ſommes entrés.